Annemarie Pfeifer

Frauen heute:

alte Grenzen – neue Chancen

JOHANNIS
LAHR

Bildnachweis:
Umschlagbild: U. Kröner
S. 5 oben: T. Krüger; S. 5 unten: M. Ruckszio; S. 9: W. Rauch; S. 13: W. Rauch; S. 17 oben: R. Haak; S. 17 unten: W. Rauch; S. 21 oben: P. Santor; S. 21 unten: W. Rauch; S. 25: J. T. Titz/ TIPHO-Bildarchiv; S. 29 oben: M. Schmitt; S. 29 unten: P. Jacobs; S. 33: K. Radtke; S. 37: J. Hammerbacher; S. 41: Willys; S. 45: W. Rauch; S. 49 oben: P. Kleff; S. 49 unten: W. Rauch; S. 53: Janicke; S. 57: G. Hettler

Die Deutsche Bibliothek – CIP-Einheitsaufnahme

Pfeifer, Annemarie:
Frauen heute : alte Grenzen – neue Chancen / Annemarie Pfeifer. – Lahr : Johannis, 1995
(Johannis-Geschenk-Taschenbücher ; 7101 : Von Frauen für Frauen)
ISBN 3-501-07101-9
NE: GT

ISBN 3-501-07101-9

Johannis-Geschenktaschenbücher
Von Frauen für Frauen 07101

Umschlaggestaltung: Helmut Baumann
Gesamtherstellung:
St.-Johannis-Druckerei, 77922 Lahr
Printed in Germany 11981/1995

Inhaltsverzeichnis

Vorwort

Als junges Mädchen machte ich mir keine großen Gedanken über meine Bestimmung als Frau. Ich besuchte das Lehrerseminar, saß selbstverständlich mit den Kollegen in der gleichen Klasse, staunte, daß früher nur Männer zugelassen waren, und träumte den Traum vieler jungen Mädchen: Irgendwann wird ein hübscher zärtlicher Prinz mein Leben verzaubern, wir werden nette Kinder haben und glücklich und zufrieden bis an unser Ende leben. In der Tat ging der erste Teil bald in Erfüllung. Der Mann und die Kinder wurden schnell Wirklichkeit. Doch in der Routine des Alltags wurden das Glück und die Zufriedenheit unmerklich schal. Mitten im Trubel der Kleinkinderzeit meiner drei Jungen stieg die Frage hoch: »Bin ich auf dem Abstellgleis des Lebens gelandet? Ist das alles, was das Leben bietet?«

Vieles hat sich innerhalb einer Generation verändert. Hausarbeit und Mutterschaft sind nicht mehr »in«. Die moderne Frau ist emanzipiert, macht Karriere und setzt ihre eigenen Interessen durch. Das Idealbild der früheren Supermutter hat sich allmählich in das Phantom der Superfrau verwandelt, die Beruf, Familie und persönliche Entfaltung ohne Mühe vereinen kann. Doch viele Frauen entsprechen nicht diesem neuen Ideal. Sie stecken irgendwo zwischen dem alten und dem neuen Frauenbild, suchen einen sinnvollen Weg für ihr Leben, fragen sich, wo sie

Die Gorden
12

Ausgeglichenheit und inneren Frieden finden können. Da gibt es Zeiten der Resignation, wo man denkt, man sei ja nur oder vor allem Hausfrau und zum Schattendasein verurteilt. Man paßt sich an, vergißt den Wunsch nach beruflichem Aufstieg und erledigt den täglichen Kleinkram. Oder man rebelliert und findet, die anderen, insbesondere die Männer, hätten es besser. Man will sich gegen dieses Unrecht zur Wehr setzen und aus überlieferten Rollen ausbrechen.

Ich kenne diese Spannungen auch in meinem Leben und möchte mich in den folgenden Kapiteln mit Ihnen auf den Weg machen zur Identität der Frau von heute. Nicht alle Fragen werden sich beantworten lassen. Aber es lohnt sich, hin und wieder innezuhalten, sein Leben zu überdenken und neue Schritte zu wagen.

I. Frauen unterwegs

Zwischen zwei Welten

Es ging bei uns wieder einmal hektisch zu. Hungrig stürmten meine drei Buben in die Küche. Hastig deckte ich den Tisch, hörte mit halbem Ohr ihren Erlebnissen zu, schlichtete einen heftigen Streit und gab dem Mittagessen noch die letzte Würze. Mitten in diesem Durcheinander meinte unser Jüngster: »Ein Mädchen sein ist blöd. Immer daheim sein, putzen, kochen, waschen, das möchte ich nie im Leben machen.« Ungeschminkt hatte er das formuliert, was viele Frauen heute oftmals leise und schüchtern denken oder auch laut und aggressiv verkünden. Was Frauen tun ist minderwertig. Hausarbeit ist out. Frauen, verändert euch!

In den letzten Jahren ist Frausein zu einem politischen Thema geworden. Man spricht von Frauenpower und Frauenquoten in der Wirtschaft und in der Politik, diskutiert Förderungsmaßnahmen, empört sich über die Benachteiligung der Frau am Arbeitsplatz und plant gerechtere Gesetze und Sozialversicherungen. Selbst in der konservativen Schweiz stiegen Frauen auf die Barrikaden, organisierten einen landesweiten Streik mit dem Motto »Wenn Frau will, steht alles still« und erkämpften mit Kundgebungen die Wahl einer Frau in den Bundesrat. Die Rolle der Frau ist heute im Umbruch. Was gestern noch als selbstverständlich und normal galt, wird heute angezweifelt oder gar abgelehnt. Die Frauen von heute durchbrechen die Grenzen von Haus und Küche, treten heraus aus dem Schatten, stellen sich aktiv der Auseinandersetzung mit sich selber und der Umwelt.

Doch in aller Aufbruchstimmung steigen auch Fragen auf. Das Frausein wird heute unterschiedlich empfunden. Jede Frau trägt ihre eigenen Bilder mit sich, die sie sich auf dem Lebensweg angeeignet hat: Fröhliche und düstere, hoffnungsfrohe und resignierte.

»Ich bin voll erfüllt als Frau und Mutter und könnte mir keine bessere Lebensaufgabe wünschen«, erklärte mir eine Mutter von vier Kindern. Sie backt ihr eigenes Brot, näht Kleider, zieht eigenes biologisches Gemüse und meint: »Frau sein heute – kein Problem!«

Eine Parlamentarierin äußert: »Frau sein in der Öffentlichkeit – das ist doch etwas Selbstverständliches. Wenn ich gute Arbeit leiste, werde ich in den Sitzungen, Kommissionen und Ausschüssen immer ernst genommen. Frau sein heute – noch nie so erfüllend wie jetzt!«

Aber es kann auch anders tönen. »Ich wünschte, ich könnte mal nur für eine Stunde ich selber sein. Ich fühle mich so total daneben und blöde ...«, klagte mir eine junge Frau. Ein paar Schnappschüsse aus ihrer Kindheit erklären diese negativen Gefühle. Als Jüngste von drei Töchtern war sie schon immer sehr

schlank und sportlich. Sie trug nur Hosen und sah mit ihrem kurzen Haarschnitt oft wie ein Junge aus. Mit 20 Jahren erfuhr sie, daß ihr Vater nie darüber hinwegkommen sei, daß mit ihr sein Wunsch nach einem Sohn nicht in Erfüllung gegangen war. Kein Wunder, daß sie tief innen fühlte: »Frau sein – nein danke!«

Wieder ein anderes Schicksal steht hinter dieser Aussage: »Ich fühle mich ganz als Frau! Wir Frauen sind den Männern doch total überlegen! Die reden immer groß, doch im Grunde sind sie erbärmliche Nieten. Wenn man sie wirklich braucht, stehlen sie sich klammheimlich davon. Frau sein – ja, aus Überzeugung.« Wenn man die Geschichte dieser Frau kennt, kann man ihre Gefühle verstehen. Sie wurde von ihrem Mann verlassen, ist heute geschieden und sorgt allein für die Kinder.

Ganz anderes empfindet diese alleinstehende Frau: »Manchmal fühle ich mich nur zur Hälfte als Frau, wenn ich die jungen Mütter mit ihren Kindern sehe und die Ehepaare in trauter Zweisamkeit. Das tut weh. Frau sein – schon, aber...«

Frauen empfinden ihr Leben und ihre Rolle sehr unterschiedlich. Sie sind geprägt durch Erlebnisse in der Kindheit, von Erfahrungen in der Partnerschaft und dem Verhalten der Arbeitskollegen, Kinder und Familienangehörigen. Zusätzlich stehen heute viele Frauen im Spannungsfeld zwischen dem traditionellen und modernen Rollenverständnis der Frau und sind damit auf dem Weg von gestern nach morgen.

Wir wissen, woher wir kommen und was wir nicht sein wollen, aber wir sehen oft nur unklar, was wir wirklich möchten. Unser Frauenbild wurde hauptsächlich von unseren Müttern geprägt, die oftmals Werte von gestern verkörpern. Auf der Suche nach einer neuen Identität werfen wir deshalb einen Blick in das Leben der Frauen der Vergangenheit.

Frauen gestern – alte Grenzen

In den verschiedenen Epochen der Menschheitsgeschichte nahmen die Frauen unterschiedliche Stellungen in der Gesellschaft ein. Von der Urmutter Eva, über Sarah, die als Frau des Nomadenfürsten Abraham recht viele Freiheiten besaß, bis zu Maria und den anderen Frauen um Jesus, der sie ernst nahm und aufwertete, und zu uns modernen Frauen gab es ein stetes Auf und Ab. Nur wenige Frauen wurden in den alten Schriften erwähnt, denn sie lebten meistens im Hintergrund, gewannen keine Kriege, bewiesen sich nicht durch Gelehrsamkeit.

In den Sprüchen Salomos, die rund tausend Jahre vor Christus verfaßt wurden, wird eine Frau beschrieben, die ein eigenes Geschäft besaß und mit Immobilien und Waren handelte – also in ihrer Zeit eine Karrierefrau war!

In der griechischen Hochkultur war die Frau wieder mehr ins Haus verbannt. Der Philosoph Demokrit formulierte die gängige Meinung seiner Zeit: »Wir haben Freunde für die Vergnügungen des Geistes, Konkubinen für das Vergnügen der Sinne und die Gattin, um uns Söhne zu schenken.«

Die Römerinnen um die Zeit Jesu waren wieder freier: Sie standen der Arbeit der Sklaven vor, leiteten die Erziehung der Kinder, teilten die Sorgen ihres Gatten und waren sogar Mitbesitzerinnen der Familiengüter.

In den folgenden Jahrhunderten gingen diese Freiheiten verloren. Im 12. Jahrhundert wurde von kirchlichen Würdenträgern in einem Konzil allen Ernstes diskutiert, ob Frauen eine Seele besäßen. Thomas von Aquin faßte die damals herrschende Meinung in die folgenden Worte: »In Bezug auf die individuelle Natur ist die Frau unvollständig und mißlungen, da die aktive Kraft des männlichen Samens die Neigung hat, die perfekte Entsprechung des männlichen Geschlechtes zu reproduzieren. Die Schaffung der Frau jedoch kommt von einem Fehler in der aktiven Stärke oder von einem materiellen Fehler oder sogar von einem äußeren Einfluß, wie z.B. vom Südwind, welcher Feuchtigkeit mit sich bringt.« Solche Aussagen schmerzen und zeugen von einer Fehleinschätzung der Frauen in jenen Zeiten, die sich aber, wie wir später sehen werden, nicht von der Bibel ableiten läßt.

Auch weltliche Philosophen äußerten sich nicht gerade frauenfreundlich. Mitte des 19. Jahrhunderts faßte der französische Denker Auguste Comte zusammen: »Das weibliche Dasein bedeutet eine Art von fortgesetzter Kindheit, durch die die Frau vom

Idealtyp der Menschheit getrennt ist ... Die Bestimmung der Frau und ihr einziger Ruhm besteht darin, die Herzen der Männer schlagen zu lassen.«

Waren all jene Frauen deshalb unglücklich? Ich denke nicht. Sie kannten nichts anderes, und sie waren froh, wenn sie und ihre Familie genügend zu essen und ein Dach über dem Kopfe hatten. Der tägliche Kampf ums Überleben war hart genug, als daß man sich auch noch über Selbstverwirklichung Gedanken machen konnte. Und trotzdem wußten sich Frauen zu allen Zeiten auch immer wieder Freiräume zu schaffen.

Glücklicherweise sind die oben zitierten Ansichten heute in der Mottenkiste der Geschichte versenkt. Und doch schlummert diese Herabsetzung der Frau, die über Jahrhunderte praktiziert wurde, noch irgendwo tief als Minderwertigkeitsgefühl in den Seelen vieler Frauen. Jahrhundertelang gehörten sie zu einer Menschengruppe mit wenig Einfluß, wenig Entscheidungsgewalt, wenig Rechten – aber um so mehr Pflichten. Diese Tatsache wirft auch noch heute ihren Schatten auf das Leben der modernen Frau.

Frauen heute – neue Chancen

Im Laufe der letzten hundert Jahre haben sich drei grundlegende Änderungen ergeben, die tief in jede Frauenbiographie eingreifen. Noch im Jahre 1884 empfahl eine Familienzeitschrift ihren Leserinnen:

»Sei ganz Weib! Die Sorge für deine Kinder, die kleinen Dinge der Haushaltung, die süße Unruhe der Mutterschaft sind deine Arbeiten.« Ganz anders tönte es 1952 in der gleichen Zeitschrift: »Der Typ der modernen Frau ist rasch im Denken, geistig beweglich und anpassend im Fühlen und steht an physischer und intellektueller Elastizität weit über den Frauen früherer Zeiten.« Was ist nur in diesen 50 Jahren passiert?

Durch die Industrialisierung wurden auch die Frauen wirtschaftlich unabhängig. Plötzlich war es möglich, den Lebensunterhalt außerhalb des engen Familienverbandes zu verdienen. Dies eröffnete neue Horizonte: Unabhängigkeit, Freiheit, Ausbrechen aus überlieferten Lebensformen. Nun konnten auch alleinstehende Frauen ein eigenständiges Leben aufbauen.

Doch diese Neuerung hatte auch ihre Schattenseite. Die ganze Lebensform veränderte sich: die enge Gemeinschaft der selbstversorgenden Großfamilie zerbröckelte in die individuelle Intimität des Privathaushaltes. Die Mütter blieben allein mit den Kindern in der kleinen Wohnung zurück, während die Väter lange Stunden auswärts beschäftigt waren. Sie waren allein. Isoliert. Verunsichert.

»Wissen ist Macht«, dies erleben heute viele Menschen bitter. Welche Chancen hat man schon ohne gute Ausbildung? Für Frauen sind die Möglichkeiten dazu noch nicht so alt. Erst seit etwa hundert Jahren haben Frauen Zutritt zu den Universitäten. Die ersten Studentinnen mußten sich ihren Platz hartnäckig erkämpfen. Durch ihren unermüdlichen Einsatz ebneten sie den Weg für all die Freiheiten, die wir heute ganz selbstverständlich genießen.

Doch auch diese Errungenschaft hatte ihre Kehrseite. Wie löst man das Dilemma, wenn sich plötzlich Mutterwünsche melden, und man wählen muß zwischen Kind oder Beruf?

Eine große Erleichterung brachte schließlich die Empfängnisverhütung. Früher war man zur Mutterschaft berufen oder gar verurteilt. Zahlreiche Schwangerschaften zehrten an den Kräften der Mütter, führten zur Vernachlässigung der Kinder, zu hoher Kindersterblichkeit, und stürzten die Familie in Armut. Die Frauen hatten keine Wahl, sie waren den natürlichen Gegebenheiten der Fruchtbarkeit hilflos ausgeliefert.

Heute haben wir die Qual der Wahl. Jedermann und jedefrau muß selbst entscheiden, wann und wieviel Kinder man haben möchte. Die Mutterschaft ist kein Muß mehr, sondern ein Wunsch, kein unbeeinflußbares Schicksal, sondern eine bewußte Entscheidung, nicht mehr höchstes Ideal, sondern eine Möglichkeit. Die Frau ist nicht mehr ans Haus gebunden, sondern sie kann ihre Lebensweise weitgehend frei wählen.

Doch auch diese medizinische Hilfe kann zur Falle werden. Nirgends ist die Umwelt so kinderfeindlich wie in der westlichen Welt. In Deutschland

haben bereits heute mehr als 50% der Eltern freiwillig nur noch ein Kind. Kinder sind zu einem Luxusartikel geworden, für den man kaum Zeit, Kraft und Geld aufbringt.

So stehen wir heute vor ganz neuen Möglichkeiten, wir haben Rechte wie noch nie, sind unabhängig wie nie zuvor, genießen Entscheidungsfreiheit, Bildungsmöglichkeiten ... Aber sind wir auch glücklich wie noch nie? Erfüllt? Zufrieden? Dankbar?

II. Frauen finden ihre Identität

Minderwertigkeitsgefühle – typisch weiblich?

Wie sieht sich die Frau von heute? Wie schätzt sie sich ein? Dies versuchten wir vor einigen Jahren durch eine Umfrage bei rund 500 Frauen zu erfahren. Auf einem Fragebogen sollten sie von den folgenden zehn Ursachen diejenigen ankreuzen, die in ihrem Leben zu Niedergeschlagenheit und Depression führen könnten:

- fehlende romantische Liebe
- Spannungen mit den Schwiegereltern
- mangelndes Selbstwertgefühl
- Probleme mit Kindern
- finanzielle Schwierigkeiten
- Einsamkeit, Isolation und Langeweile
- sexuelle Schwierigkeiten in der Ehe
- zyklusbedingte Schwierigkeiten und körperliche Probleme
- Überlastung und Streß
- Altersprobleme

Was würden Sie wohl anzeichnen? Die Auswertung hat mich erstaunt und nachdenklich gemacht. Mangelndes Selbstwertgefühl lag klar an der Spitze und wurde von rund 90% der Frauen angeführt. Ebenfalls sehr häufig wurden Überlastung und Streß, Einsamkeit, Isolation und Langeweile genannt. Alle anderen

Problemfelder lagen deutlich darunter. Diese Daten unterstreichen das Dilemma der modernen Frau. Alle Neuerungen und Freiheiten, alle Selbstverwirklichung haben sie nicht glücklicher gemacht. Ihre Rolle ist unsicherer geworden, die Ansprüche sind gestiegen und die Zufriedenheit und Selbstachtung eher noch gesunken. Die beiden anderen hoch bewerteten Problemkreise zeigen, warum dies so ist. Stellt sich die Frau den Anforderungen von Familie und Berufswelt, hat dies unweigerlich Streß und Überlastung zur Folge. Gehetzt wird sie versuchen, es allen recht zu machen. Immer wieder wird sie Kompromisse eingehen müssen und nie alle Erwartungen erfüllen können. Sie steht unter dem ständigen Druck, nicht genügen zu können. Bleibt sie aber daheim, wird sie zum Wesen zweiter Klasse abgestempelt. Was sie auch wählen mag, sie wird dem gegenwärtigen Idealbild nicht völlig entsprechen, außer sie ist mit unerschöpflichen Kräften ausgerüstet. Minderwertigkeitsgefühle sind also vorprogrammiert.

Doch wie denken die Frauen und Männer von morgen über den Wert der Geschlechter? Um dies zu erfahren, stellten Forscher 2000 Schulkindern die Frage, was sie tun würden, wenn sie am nächsten Morgen aufwachen würden und entdeckten, daß sie sich in einen Jungen bzw. ein Mädchen verwandelt hätten. Die Antworten enthüllten etwas, was die Wissenschaftler »fundamentale Frauenverachtung« nannten. Zum Beispiel betitelten Jungen in der Volks-

schule ihre Antworten oft mit Begriffen wie »Weltuntergang«, und dann beschrieben sie, wie schrecklich das Leben wäre, wenn sie Mädchen wären. Ein Sechstklässler schrieb: »Wenn ich ein Mädchen wäre, wäre ich dumm und zum Umpusten schwach.« Ein Jugendlicher äußerte: »Wenn ich ein Mädchen wäre, würde ich eine Menge Make-up auflegen, und alle würden mich gut und schön finden, aber ich wüßte, daß es den wenigsten auf meine Persönlichkeit ankäme.«[1]

Im Gegensatz dazu meinten die Mädchen, daß sie es besser hätten, wenn sie Jungen wären. »Die Leute würden meine Entschlüsse und Überzeugungen ernster nehmen«, oder »Wenn ich ein Junge wäre, würde ich wohl öfter meine Meinung sagen und mehr Selbstvertrauen haben, aber eigentlich weiß ich nicht warum«, formulierten zwei Zehntklässlerinnen. Ganz allgemein dachten die Jungen, es würde sie einschränken, ein Mädchen zu sein. Die Mädchen hingegen fanden, es wäre befreiend für sie, wenn sie ein Junge sein könnten.

Diese Studie zeigt erschreckend, wie weit die Schatten des Griechentums und des Mittelalters fallen. Warum ist Weiblichkeit noch immer ein Synonym für Einschränkung und Schwachheit, Männlichkeit hingegen ein Symbol für Stärke, Aktivität, Kompetenz?

Die Ursachen sind vielfältig. Soziologen sprechen von der unterschiedlichen Prägung der beiden Geschlechter, die schon im Säuglingsalter beginne. In einer Studie beobachteten Forscher Mütter beim Füttern ihrer Babys. Es zeigte sich, daß die Mütter von Jungen aufmerksamer die Signale ihrer Babys wahrnahmen als jene von Mädchen. Diese Ungleichbehandlung setzt sich die ganze Kindheit hindurch fort. Väter scheinen ihren Söhnen mehr Feedback zu geben, sei es nun positiv, wie Anerkennung, Reden und Körperkontakt, oder negativ wie Mißbilligung, Schläge oder Gebrüll. Auch in der Schule werden Mädchen und Jungen nicht gleich behandelt. Lehrer gehen weniger häufig auf Mädchen ein und rufen diese seltener auf. Sie erhielten durchschnittlich auch weniger ausführliche Informationen. Selbst die Kreativität wurde von den Lehrern bei Mädchen seltener erkannt und anerkannt als bei Jungen.

Psychoanalytisch geprägte Psychologen sehen zwei Hauptgründe für das Selbstwertdefizit der Frauen: erstens das unüberwindbare Gefühl der eigenen anatomischen Minderwertigkeit (körperliche Schwäche, »Penisneid«), zweitens die ambivalente Liebe der Mutter ihrer Tochter gegenüber. Es wird behauptet, daß schon kleine Mädchen nicht genügend Selbstachtung entwickeln könnten, weil die Mütter ihnen die uneingeschränkte Anerkennung verweigern. Nur die Geburt eines Sohnes könne das Selbstwertdefizit kompensieren. Das Verhältnis von Mutter und Sohn wird als vollkommenste menschliche Beziehung angesehen.[2]

Die französische Feministin Simone de Beauvoir hat

die provozierende These vertreten, daß heranwachsende Mädchen deswegen so abhängig von männlicher Gesellschaft seien, weil ihr Leben so beschränkt und langweilig sei und sie sich selbst nicht genügend Anregung geben könnten[3]. Es gibt keine Studien zur »Ödheit« des Mädchenlebens. Untersuchungen belegen aber deutlich, daß Mädchen weniger Freiheiten genießen als Jungen. Ihre Aktivitäten sind eingeschränkter, und sie werden strenger überwacht. Dies wird vor allem im Jugendalter ausgeprägter, wenn sich Eltern aus verständlichen Gründen um die Sicherheit ihrer Töchter sorgen. Diese wohlgemeinten Einschränkungen vermitteln die Botschaft, daß die Welt zu schwierig und zu gefährlich für Mädchen sei, und ist gerade in der pubertären Zeit der Selbstfindung bestimmt keine Stärkung für das Selbstbewußtsein.

Von Feministinnen wird oftmals dem »herrschenden Patriarchat« oder einem »unterdrückenden Gott« die Schuld zugeschoben. Wie wir gehört haben, malten einige Kirchenväter den Wert der Frau »nicht mit den hellsten Farben«. Stimmen diese Anklagen an das Christentum? Werden die Frauen durch die Bibel unterdrückt? Sind sie zu Mauerblümchen und gehorsamen Dienerinnen geschaffen worden? Sind sie nur ein nützliches Anhängsel zum Manne? Oder kann man in der Bibel auch neue Chancen für die Frau entdecken? Diese Fragen führen uns zu einem Abstecher weit zurück in die Vergangenheit.

Gleichwertig – aber anders

Die Schöpfungsgeschichte ist wohl allen bekannt: Ein idyllischer Garten, saftige Pflanzen, friedliche Tiere, ein einsamer Mann – alles war perfekt. Nur etwas war nicht gut und verdüsterte den Glanz der neuen Welt. Adam war allein. Es gab kein Gegenüber – niemanden zum Plaudern, kein gleichwertiges Wesen zum Lieben. Die Umgebung war paradiesisch, aber Adam war unglücklich. Die Bibel schildert das so: »Gott dachte: Es ist nicht gut, daß der Mensch allein ist. Ich will ihm eine Gehilfin machen, die zu ihm paßt.« Die Geschichte erzählt dann weiter, wie Adam sich über seine Gefährtin freute, und die Geschichte endet: »Gott betrachtete alles, was er geschaffen hatte, und er hatte seine Freude daran: Alles war sehr gut.« Die Schöpfung war nun vollkommen, der Garten war zum Paradies geworden.

Ist es nicht erstaunlich, wie hoch hier der Wert der Frau eingeschätzt wird? Sie ist kein Anhängsel, keine billige Kopie des Mannes, sondern eine wertvolle Persönlichkeit. Gott stellte dem Manne nicht einen Kumpel oder einen Zwilling zur Seite, sondern ein Gegenüber, das ihn ergänzt. Trotz aller medizinischen und technischen Fortschritte ist der »kleine Unterschied« bis heute geblieben. Simone de Beauvoir schrieb einmal: »Man kommt nicht als Frau zur Welt, man wird es.« Diese These läßt sich biologisch nicht halten. Männer und Frauen sind unterschiedlich. Frauen sind z.B. mit 20% weniger Muskelkraft ausgestattet. Frau braucht sich also nicht minderwertig zu fühlen, wenn sie etwas mehr Schlaf braucht und ihrem Mann die schweren Arbeiten im Haushalt überläßt. Er ist schließlich mit der nötigen Kraft ausgestattet worden.

Auch der Hormonhaushalt ist anders geregelt. Die Frauen sind stärkeren zyklusbedingten Schwankungen unterworfen, die auch die Gefühle und Stimmungen tönen können. Dies beeinflußt ihre Leistungsfähigkeit und innere Ausgeglichenheit.

Schließlich erleben Frauen auch die Welt der Sexualität verschieden. Männer lieben mit den Augen, sind schnell erregt und rein körperlich immer zum Geschlechtsverkehr bereit. Frauen hingegen leben in Zyklen, wünschen sich Zärtlichkeit und innere Verbundenheit, was nicht immer durch die körperliche Vereinigung ausgedrückt werden muß. Bei Männern geht die Liebe in stärkerem Maße über ihren Körper; Frauen suchen eine Beziehung, die das ganze Leben umfaßt.

Männer und Frauen sind – Gott sei Dank – unterschiedlich. Es geht nun nicht darum, Mann und Frau gegeneinander auszuspielen oder die biologischen Unterschiede zu verwischen. Frauen müssen auch in der modernen Welt nicht 200% ihren Mann stellen, sondern dürfen 100% Frau sein, bewußt ihre weiblichen Eigenschaften entdecken und fördern, was Gott ihnen geschenkt hat. Die Welt wäre ärmer, kälter und eintöniger ohne sie. Das Gemüthafte, die Intuition, das Gefühlshafte würde entscheidend fehlen.

Was wären wohl Familien ohne den ausgleichenden Einfluß der Mütter? Vielleicht wären es wohlorganisierte, straffgeführte Kleingruppen. Aber wer würde die Beziehungen knüpfen, die Freude am Schönen wecken, eine gemütliche Atmosphäre schaffen und sich auch über Kleinigkeiten freuen? Doch auch die Eigenschaften der Männer sind aus den Familien nicht wegzudenken – das wird ja immer wieder von Soziologen und Psychologen betont, wenn sie über die negativen Folgen einer vaterlosen Gesellschaft klagen. Kinder brauchen beides: die verbindende Fürsorge der Mutter und die herausfordernde Unterstützung der Väter.

Auch in der Arbeitswelt zeigt sich der Einfluß von Mann und Frau unterschiedlich. Eine Lehrerin wird ihre Klasse anders führen als ihr Kollege, eine Krankenschwester eine andere Beziehung zum Patienten aufbauen als ein Pfleger, eine Politikerin andere Schwerpunkte setzen als ihre Parteifreunde. Frauen arbeiten oftmals lieber in Teams und an übersichtlichen Projekten und nicht in einsamen Führungsrollen. Es ist übrigens interessant, daß gerade diese Arbeitsweise in der Wirtschaft neu entdeckt und als möglicher Ausweg aus der gegenwärtigen Krise angepriesen wird. Frauen müssen nicht »bessere Männer« sein als ihre Kollegen, sondern dürfen in der Familie und in der Arbeitswelt zu ihren speziellen Fähigkeiten stehen und ganz Frau sein.

Diese Andersartigkeit kann aber auch zu Problemen

führen, denn was anders ist, wird oftmals nicht verstanden oder als Bedrohung empfunden. »So wie ich eine Sache anpacke, ist der einzige gute Weg«, denken Männer und Frauen. Wenn ein Vater seine Kinder ins Bett bringt, geht es vielleicht zu wie im Militär: kurz und zackig. Die Mutter macht das ganz anders. Bei ihr fühlt sich das Kind wie in einem heilpädagogischen Kindergarten. Sie nimmt die Wünsche und Stimmungen der Kinder wahr und sitzt bei ihnen, bis sie schließlich einschlafen. Was ist nun besser? Dem Kind schadet es nicht, wenn seine Eltern unterschiedlich reagieren. Ganz im Gegenteil, es lernt, daß man sich unterschiedlich verhalten kann und wird dadurch bereichert. Wichtig ist aber, daß die Elternteile sich gegenseitig stehen lassen und die Spannung des Andersseins aushalten. Mann und Frau sind füreinander gemacht, als Ergänzung, nicht als Rivalen. Sie sind anders, aber gemeinsam sollen sie die Sorge für die Familien und letztlich für die ganze Schöpfung übernehmen.

Du bist o.k.

Der kurze Text aus der Schöpfungsgeschichte, den ich oben zitierte, enthält einen kleinen Haken. Gott schuf dem Menschen eine »Gehilfin«, haben wir gelesen. Dieser Begriff führte zu vielen Mißverständnissen. Was ist denn schon eine Gehilfin? Eine schlecht bezahlte Haushaltshilfe? Eine untergeordnete, unselbständige Arbeitskraft? Also doch ein minderwertiges Wesen? Das ursprüngliche hebräische Wort für Gehilfin, »Ezer«, bedeutet etwas ganz anderes, nämlich »mächtige/r Helfer/in«. In anderen Stellen wird es als eine Umschreibung für Gott, unseren starken Helfer benützt. Das ergibt ein ganz anderes Bild als das der unselbständigen Magd. Es umschreibt Gleichwertigkeit, Entscheidungsfreiheit, Kompetenz.

Gott schuf die Frau:
nicht als Anhängsel – sondern als ebenbürtiges Gegenüber
nicht minderwertig – sondern gleichwertig
nicht als passive Ausführungskraft – sondern als aktive Partnerin

Für mich war diese Erkenntnis sehr befreiend. Lange hatte ich Mühe mit dem Bild der Frau, wie es in manchen Gemeinden gepredigt wird. Es bedrückte mich, daß die Frauen nur ein Schattendasein führen sollten, abhängig von der Meinung der Männer, nicht fähig, ein eigenständiges Urteil zu fällen, delegiert für Putz- und Aufräumarbeiten oder bestenfalls begabt für Kinderarbeit. Ist das wirklich Gottes Plan für die Menschen, fragte ich mich dann heimlich. Sind Frauen vor Gott wirklich Menschen zweiter Klasse? Müssen sie alle wichtigen Entscheidungen ihren Männern, Vorgesetzten oder Pastoren überlassen? Ich wurde immer unzufriedener. Der Glaube an Jesus ist also doch nicht so befreiend, wie ich immer geglaubt und auch erlebt hatte, grübelte ich weiter. Da versperrten mir plötzlich Schranken meine Entwicklung, die nur auf meinem Geschlecht beruhten und deshalb nicht verrückbar waren.

Doch glücklicherweise lernte ich zu unterscheiden zwischen der echten, befreienden Botschaft der Bibel und dem Staub, der sich in den langen Jahren der Kirchengeschichte darüber ausgebreitet hatte. Vor Gott sind Männer und Frauen gleich verantwortlich. Die Schöpfungsgeschichte endet mit dem Auftrag an das erste Menschenpaar, gemeinsam für die Erde zu sorgen. Diese Aufforderung gilt auch heute. Als Frau kann man sich nicht einfach bequem zurücklehnen, die Augen schließen und die Verantwortung auf die Männern abschieben. Nein, diese Welt braucht uns Frauen, unsere Intuition, unsere Fähigkeit, Beziehungen zu knüpfen, unsere Art, die Welt wahrzunehmen. Gemeinsam geht es besser! Unsere Welt braucht das Potential beider Geschlechter, wenn die anstehenden Probleme gelöst werden sollen. Auch im 20. Jahrhundert hat Gott für uns Frauen einen Auftrag: Gemeinsam mit den Männern sollen wir die Erde bestmöglich verwalten, mitdenken, planen, Verantwortung tragen.

Gott kennt keine Lieblingskinder. Er sandte seinen Sohn für alle – ob arm oder reich, mächtig oder schwach, braun oder weiß, Mann oder Frau. Vor ihm sind alle gleich wertvoll. Niemand ist vor ihm überflüssig oder zweitrangig. In seinem Reich haben alle ihren Platz und auch ihre Aufgabe. Ist dies nicht Grund genug, sich selber anzunehmen und den

Platz, den unser Schöpfer uns geschaffen hat, einzunehmen? Selbstannahme und Entfaltung beginnt im Innern des Einzelnen. Wenn man sich von jemandem grundsätzlich geliebt weiß, kann man sich selber und andere eher lieben.

Diese Liebe gilt auch für die alleinstehende Frau. Auch ohne Mann ist sie ein Geschöpf Gottes, auch ohne Kinder ganz Frau. Mit ihren besonderen fraulichen Gaben kann auch sie andere Menschen bereichern und im übertragenen Sinn zur Mutter werden. Auch ledige Frauen sind nicht Gottes Stiefkinder, sondern seine einzigartigen, wertvollen Geschöpfe.

Für mich war diese Einsicht die Grundlage für meine Identität als Frau, die mich vom Ballast übernommener gesellschaftlicher Formen befreit. Sie schafft den Rahmen und die Sicherheit, mich meinen Gaben gemäß einzusetzen und ohne Aggressionen Veränderungen anzustreben. Ich brauche nun nicht neidisch auf die Freiheiten und Macht der Männer zu schielen, sondern darf ganz Frau sein und meine speziellen Gaben entdecken und einbringen. Es hilft auch, die Andersartigkeit des Mannes zu ertragen, anzuerkennen und zu fördern.

Zurück zur Schöpfungsgeschichte: Dort wäre alles echt paradiesisch gewesen, wenn nicht der erste große Ungehorsam die Idylle zerstört hätte. Die Einheit, Unschuld, Harmonie wurde zerrissen, die Menschen aus dem Paradies vertrieben, die innige Beziehung zwischen Gott und den Menschen, Mann und Frau, getrübt. Leider leiden wir noch heute unter den Auswirkungen. Täglich machen wir Fehler, stehen in der Zerreißprobe zwischen den eigenen Vorstellungen und den Wünschen der anderen, und werden schuldig aneinander.

Gott schenkt jedem von uns heute eine neue Chance: Jesus hat durch sein Leben und seinen Tod die Einheit wiederhergestellt – zwischen Gott und Mensch, Mann und Frau. Er vergibt die Schuld und reinigt unsere Beziehungen. Auch heute gilt dieses befreiende Angebot für alle Menschen – Mann und Frau, Kinder und Erwachsene. Durch sein Ja zu uns finden wir Frieden und ein Ja zu uns als Mensch und als Frau.

Doch wie finde ich heute als eine von Gott geschaffene, geliebte und beauftragte Frau meinen Platz in der modernen Gesellschaft?

III. Frauen bringen sich ein

Beziehung partnerschaftlich leben

Auch heute träumt fast jede Frau von einer harmonischen Partnerschaft. Alle Aufrufe zur Eigenständigkeit, alle Möglichkeiten zum beruflichen Aufstieg, alle Erziehung zur Selbständigkeit, die ganze Emanzipationsbewegung konnte den tiefen Wunsch nach einer festen Beziehung nicht auslöschen. Mann und Frau sind zur Gemeinschaft geschaffen. Trotz aller Gegensätzlichkeiten ziehen sie sich wie magnetische Pole immer wieder an. Auch die moderne, emanzipierte, aufgeklärte Frau träumt von ihrem verständnisvollen Märchenprinzen. Das Nachrichtenmagazin »Der Spiegel« faßt dieses »Ursehnen« etwas salopp in die folgenden Worte: »Doch die Sehnsucht nach gleichberechtigten Partnerschaften hält sich ebenso hartnäckig, wie das Unvermögen eine zu bekommen ... Traummänner, die als emotional zugänglich gelten, scheinen raren Trüffeln zu ähneln.«

Viele junge Frauen möchten eine partnerschaftliche Beziehung eingehen, ohne sich aber deswegen ganz aufgeben zu müssen. Besonders gut ausgebildete Frauen melden Vorbehalte gegen eine Eheschließung an. Eine breitangelegte Umfrage an der Universität Zürich zeigte, daß 60% der Studentinnen zuerst eine Ehe auf Probe wünschen. 47% könnten sich

eine spätere Eheschließung vorstellen. Rund 10% sind ganz gegen die Ehe eingestellt. Die Frau von heute zögert, wenn sie eine feste Bindung eingehen sollte, Partnerschaft ja – feste Bindung »jein«, scheint ihre Devise zu sein. Vielleicht fürchtet sie sich, daß sie dann alle ihre beruflichen Ambitionen oder ihre Identität aufgeben müßte.

»Kann man das Wagnis einer Ehegemeinschaft eingehen, ohne daß man befürchten muß, seine eigenen Wünsche und Ideen zur Entfaltung aufgeben zu müssen?« fragte mich eine junge, aufgeschlossene Studentin. Frisch verliebt schwärmte sie von ihrem Freund, schwelgte im Gefühl, endlich nicht mehr allein zu sein – und doch schimmerten schon bald auch ihre heimlichen Sorgen und Fragen durch. Zwar stammt sie aus einem intakten Elternhaus, aber die dumpfe Ehe ihrer Eltern schreckt sie eher ab. Gerne möchte sie einmal ihren Beruf ausüben, aber wird sie das neben den künftigen Pflichten als Ehefrau und vielleicht auch als Mutter verwirklichen können? »Wird die Ehe für meine persönlichen Wünsche zur Sackgasse?«, fragt sie sich bange.

Die Frage nach Hilfen für eine glückliche Ehe ist nicht neu. Schon Paulus schrieb vor 2000 Jahren einen grundlegenden Satz: »Ein jeder habe seine Frau lieb wie sich selber; die Frau aber achte ihren Mann.« (Epheser 5) Dies sind Worte, die wir Frauen von heute verstehen. Mit den Stichworten achten und lieben traf er die typischen Sehnsüchte der Frauen und Männer von gestern – und auch von uns heute. Welcher Mann wünscht sich nicht die Achtung seiner Frau, und welche Frau sehnt sich nicht nach Liebe und Geborgenheit durch den Mann? Am Anfang des Kapitels spannt er den Rahmen noch weiter, indem er schreibt: »Ordnet euch einander unter in der Furcht Christi.« Diese Grundhaltung würde jeder Eheberater bestätigen: In gegenseitiger Achtung und Liebe sollen wir unsere Ehe und Familie organisieren. Diese Aussagen setzen auch für die moderne Ehe Akzente:

1. Aufgabenteilung statt sture Rollenverteilung
Paulus nennt keine festen Vorschriften, wie das Familienleben im Detail zu regeln sei. Es gibt kein Gesetz, wer das Geschirr spült, die Schuhe putzt, das Geld verdient oder die Schulaufgaben der Kinder überwacht. Die Verteilung der Aufgaben ist jedem Ehepaar selbst überlassen. Aber die Entscheidungen sollten in gegenseitiger Liebe und Rücksichtnahme und den persönlichen Fähigkeiten entsprechend gefällt werden.

Manche Ehepaare leben nicht mehr nach der traditionellen Arbeitsverteilung des Ernährers und der Hausfrau. Warum soll ein Vater nicht seine Arbeitszeit reduzieren (falls sein Arbeitgeber dies zuläßt) und seiner Frau damit die Möglichkeit für einen Teilzeitjob geben? Für die Kinder ist dies gewiß nicht schädlich. Im Gegenteil, sie gewinnen dadurch kostbare Zeit mit ihrem Vater, und dieser sieht die Arbeit seiner Frau plötzlich in einem anderen Licht. Während meiner dreijährigen Weiterbildung zur Individualpsychologischen Beraterin erfuhren wir diese neue Arbeitsteilung sehr positiv. Einmal in der Woche übernahm mein Mann an einem Tag die Verantwortung für die Kinder am späten Nachmittag. Zuerst machte ich mich immer mit schlechtem Gewissen auf den Weg. »Darf ich die Kinder einfach meinem vielbeschäftigten Mann überlassen? Wird er auch richtig für sie sorgen?« fragte ich mich voller Skrupel. Doch dann sah ich, wie die Kinder sich immer sehr auf ihren Vaterabend freuten. Daddy war ganz für sie da. Jedesmal gab es ihr Lieblingsmenü (Ravioli oder Spaghetti). Niemand störte ihre »Männerordnung«. Zugegeben, der Haushalt wurde an diesen Abenden und an den Ausbildungswochenenden etwas lockerer geführt, und die Hausaufgaben waren nicht so gründlich überwacht. Aber alle waren zufrieden dabei, und ich lernte meinen Freiraum genießen.

Diese neue Art der partnerschaftlichen Aufgabenteilung kann aber auch wie Dynamit für eine Ehe wirken und sie aus dem Gleichgewicht kippen. Die Auflösung der Rollen von Mann und Frau hat auf beiden Seiten sehr viel Verunsicherung gebracht. Amerikanische Forscher stellten rund 2000 Männern in leitenden Positionen die Frage nach ihrer größten Streßursache. Die meisten Männer nannten nicht den Ärger mit dem Chef oder den Mitarbeitern an erster Stelle. Auch der Leistungsdruck und die langen Arbeitszeiten wurden nicht zuerst erwähnt. Die

Hauptquelle für ihren Streß sahen sie in der veränderten Rolle ihrer Ehefrauen. Noch vor einem guten Jahrzehnt war für sie die Aufgabenteilung klar. Ohne Gewissensbisse konnten sie ihrer Arbeit nachgehen im Wissen, daß daheim jemand nach dem Rechten schaut. Heute stehen sie unter zweifachem Druck. Ihre Arbeit ist gleich intensiv oder noch fordernder geworden, und gleichzeitig sollten sie auch in der Familie mehr Verantwortung übernehmen, damit die Ehefrau auch ins Berufsleben einsteigen kann. Die Forderungen der Frauen nach mehr Freiheit und Selbstbestätigung kann Männer sehr herausfordern, reizen oder bedrohen. Eine Veränderung der üblichen Rollenverteilung braucht deshalb viele klärende Gespräche, gegenseitiges Verständnis und genaue Absprachen.

2. Gegenseitige Achtung statt Rivalität

Leider verwandelt sich in der Routine des Alltages das Liebesnest der Ehe oftmals unmerklich in einen Kriegsschauplatz. Jeder will seine Meinung durchsetzen, jeder will recht haben, sachliche Diskussionen steigern sich zu heftigen Streitgesprächen. Zuletzt geht es nicht mehr um die Lösung eines Konfliktes, sondern darum, daß ich meine Meinung durchsetze. Dieser Kampf wird dann manchmal auch auf dem Rücken der Kinder ausgefochten, und diese stehen verwirrt zwischen den Fronten.

Es gibt einen Weg aus diesem zermürbenden Hick-Hack: gegenseitige Achtung. Wer mit den Ohren des anderen hört, wer mit den Augen des anderen sieht, und wer mit dem Herzen des anderen fühlt, wird Konflikte grundsätzlich anders angehen. Den Mann achten heißt nun nicht, daß man immer nachgeben muß. Beide sollten ihre Meinung einbringen, ihre Wünsche und Vorschläge äußern und in Ruhe nach Lösungen suchen.

Vor allem Frauen investieren viel in eine Beziehung und sind häufig bereit, ihren Beruf, ihr regelmäßiges Einkommen und ihre Selbständigkeit aufzugeben. Oftmals sind sie auf der gebenden Seite, sorgen für den Haushalt, erziehen die Kinder, organisieren das ganze Beziehungsnetz. Dabei laufen sie Gefahr, sich selber zu vergessen, innerlich auszutrocknen und verbittert mit ihrem ungerechten Schicksal zu hadern. Zu einer lebendigen Beziehung gehört beides: geben und nehmen, durchsetzen und nachgeben, innere Freiheit und Rücksichtnahme. In einer partnerschaftlichen Ehe werden diese gegensätzlichen Pole aber gleichmäßig verteilt sein. Eine Beziehung, in der immer derselbe nachgibt, sich unterordnet und dienend hingibt, stirbt ab. In einer liebenden Ehegemeinschaft zeigen sich beide Partner gegenseitig ihre Achtung, indem sie einander zuhören, gemeinsam Verantwortung übernehmen und einander Freiräume gönnen.

3. Liebe statt Selbstverwirklichung
Nicht selten führen Selbstverwirklichungsversuche von Frau und Mann zum Zerbrechen einer Bezie-

hung. Eine Mutter erzählte mir von ihrer Tochter, die konsequent Emanzipation auslebte. Ihre Ehe sei auseinandergebrochen, die Kinder habe sie ihrem Mann überlassen, heute widme sie sich ausschließlich ihrer Karriere. »Sie hat sich in die totale Einsamkeit emanzipiert«, schloß sie traurig. Umgekehrt leiden unzählige Mütter und Kinder, weil sie der Mann und Vater für das scheinbar spannendere Leben mit einer anderen Frau verlassen hat.

Völlige Unabhängigkeit und liebende Partnerschaft schließen sich letztlich aus. Echte Liebe ist auch mit Leiden und Verzicht verbunden. Leidenschaft schafft immer auch Leid(en). Nach dem Neuen Testament soll in der Ehe nun nicht einfach die Frau diese »Leiden« tragen müssen. Der Mann wird ausdrücklich zu Liebe und Fürsorge für seine Frau und damit auch zum Verzicht auf eine grenzenlose Entfaltung auf Kosten der Familie verpflichtet.

Zugegeben, eine solche Partnerschaft ist nicht einfach. Doch es ist möglich, einander als eigenständige Persönlichkeiten zu lieben und anzuerkennen und auch in einer festen Beziehung ganz Frau zu sein.

Die Sehnsucht nach dem Mutterglück

Auch in der Zeit der tausend Möglichkeiten wünschen sich die meisten Frauen, einmal Mutter zu werden. Beruflich erfolgreiche Frauen können die-

sen Wunsch vielleicht eine Zeitlang unterdrücken. Doch mit dem Auslaufen der biologischen Uhr werden sie Mitte Dreißig oft panikartig vom Kinderwunsch erfaßt. Plötzlich erscheint ihnen ihr Leben kalt, einseitig, leistungsorientiert. Das Kind wird zum Inbegriff des erfüllenden Lebenssinns. In der Umfrage einer Illustrierten meinte eine prominente Fernsehansagerin: »Die Geburt meiner Tochter war für mich ein klares Ja zum Leben. Erfolg habe ich gehabt, aber als Mutter habe ich zum ersten Mal das Gefühl gehabt, zufrieden zu sein. Ich bin irgendwie zur Ruhe gekommen.« Eine angesehene Unternehmerin sagte es noch zugespitzter: »Erst seit der Geburt meiner Kinder fühle ich mich richtig zufrieden. Der Grund: Die Werte haben sich relativiert. Materielle Dinge sind in den Hintergrund gerückt.«

Viele Mütter kennen ähnliche Gefühle. Oftmals ist man zuerst gar nicht unglücklich, dem Beruf und dem Leistungsdruck für eine Zeit den Rücken zu kehren. Man genießt die innige Beziehung zum niedlichen Säugling, staunt über jeden kleinen Fortschritt, fühlt sich endlich wirklich gebraucht und mit einer sinnvollen Aufgabe ausgefüllt.

Doch dann entstehen auch schwierige Momente. Das Baby präsentiert sich leider nicht immer lächelnd wie in der Fernsehwerbung. Die Pampers haben ihre magische Saugkraft verloren, und das Geschäft des Saubermachens ist nicht ganz so angenehm wie erwartet. Nachmittags kehrt nicht um Punkt fünf Uhr der Feierabend ein. Geruhsame

Abende sind fast so rar wie Schnee im Sommer. Stattdessen gehören schlaflose Nächte, ständige Unterbrechungen, wachsende Forderungen von Kindern und Schule zum Alltag. Dazu gesellen sich subtile Entwertungen von außen: Was, du bist nur Mutter? Wann arbeitest du wieder?

Von den Müttern wird heute Unmögliches verlangt. Die Mutter wird allein für das seelische Wohl, die intellektuelle Leistungsfähigkeit und die persönliche Entfaltung des Nachwuchses verantwortlich gemacht. Wenn Probleme entstehen, haben Berater und Psychologen eine einfache Antwort bereit: Mutter ist an allem schuld. Eine psychologische Zeitschrift faßte diesen Trend zusammen: »Was Mütter auch tun und lassen – sie scheinen auf alle Fälle alles falsch zu machen. Die Gesellschaft und die Psychologie haben mit Schuldzuweisungen niemals gegeizt. Sie haben die überbehütende Mutter, die vernachlässigende Mutter, die schizophrenogene Mutter ausgemacht, die immer schuldig ist, wenn es mit dem Nachwuchs Schwierigkeiten gibt.« Mutterschaft war wohl kaum je so schwierig wie heute. Während man früher versuchte, die Kinder in Zucht und Ordnung zu rechtschaffenen Menschen zu erziehen, will heute die Kindheit professionell inszeniert sein. Die moderne Mutter soll alles in einem sein: weise Erzieherin, stets verfügbare Spielgefährtin, phantasievolle Animateurin, allwissende Lehrerin, einfühlsame Beraterin, die ihr Kind Schritt für Schritt nach dem exakten psychologischen Zeitplan in die Unabhängigkeit entläßt. Für all ihre Mühen erntet sie oft keine Anerkennung, sieht keine meßbaren Erfolge, findet wenig Bestätigung. Kein Wunder, daß so manche Mutter mit der Zeit leerläuft und innerlich ausbrennt. »Ich bin mir selbst abhanden gekommen«, beschrieb eine Mutter einmal den Zustand des Ausgebranntseins.

Viele Frauen stürzen sich voller Elan und Idealismus in die große Aufgabe der Mutterschaft, geben sich ganz für ihre Kinder hin und verlieren dabei ihre Identität als Frau und Mensch. Sie definieren ihren Wert nur noch in bezug auf ihre Kinder. Wenn diese erfolgreich sind, fühlen sie sich gut, und ihr Selbstwertgefühl steigt. Sind sie aber nur mittelmäßig oder erleiden gar Schiffbruch, entzieht das ihre Grundlage zur Selbstachtung. Sie identifizieren sich mit dem Ergehen ihrer Kinder, ermutigen, helfen, leiden, bangen mit und beschuldigen sich selber, wenn die Kinder Fehler machen. Vielen Müttern fällt es schwer, eine klare Grenze zwischen sich und ihren Kindern zu ziehen. Dies führt zu Enttäuschungen und zu Schuldgefühlen. Wenn Kinder dann Probleme haben oder sich nicht angepaßt verhalten, quält frau sich unweigerlich mit der Frage: »Was hab ich denn bloß falsch gemacht?« Diesen Selbstzweifeln und dem Gefühl des Ausbrennens kann man entgegenwirken. Die folgenden Punkte sollen eine Hilfe sein, wie man als Mutter sich selber treu bleiben kann:

1. Vergessen Sie sich selber nicht.

Die Sorge für Ihre Kinder ist sehr wichtig, doch was nützt ihnen eine Mutter, die sich dabei verausgabt? Wir Frauen wurden oftmals zur Fürsorge erzogen und haben nur ungenügend gelernt, unsere eigenen Bedürfnisse zu formulieren. Eine geschiedene Frau und Mutter von zwei Kindern umschrieb dies so: »Ich wurde dazu erzogen, entweder Kind oder Mutter zu sein. – Ich habe nicht gelernt, eine Frau zu sein.« Mutterschaft ist sehr wichtig im Leben der Frau, aber sie sollte nie ihr ganzes Dasein erfüllen. Mütter haben auch ihre persönlichen Wünsche und Bedürfnisse. Dazu darf man ohne Gewissensbisse stehen. Natürlich gibt es Zeiten, in denen man sie um der Kinder willen zurückstecken und verzichten muß. Doch ist es gerade für die Kinder gut, wenn sie sehen, daß ihre Mutter auch ein Eigenleben hat, auf das sie Rücksicht nehmen sollen. Das verstärkt ihre Achtung vor der Mutter und prägt das Frauenbild, das sie sich im Elternhaus aneignen. Zufriedene Mütter haben oftmals glücklichere Kinder.

2. Grenzen Sie sich innerlich von Ihren Kindern ab.

Viele Frauen übernehmen zuviel Verantwortung für das Verhalten ihrer Sprößlinge. Kinder sind keine vorprogrammierten Computer, die auf Knopfdruck das richtige Verhalten bringen. Kinder sind Persönlichkeiten mit eigenen Anlagen und Verhaltensweisen. Als Mutter können Sie zwar einen Teil zur Entfaltung beitragen, doch der Vater sowie Verwandte, Schule und Freunde prägen ihre Entwicklung ebenfalls. Ihr Kind wird sein persönliches Lebensschicksal auf seine Art und Weise anpacken. Sie können ihm unterstützend zur Seite stehen – aber letztlich wird es selbst die Verantwortung für sich übernehmen müssen.

3. Gönnen Sie sich Freuden.
Mütter sind meist sehr geübt im Geben. Oft fühlt man sich wie am Fließband; jeder kommt vorbei mit seinen Wünschen, und Mama wird schon eine Lösung finden, dazu ist sie ja schließlich da. Manchmal wartet man vergeblich, daß etwas zurückkommt. Dies kann schließlich zu Resignation, Erschöpfung oder Verbitterung führen.

Warten Sie nicht darauf, daß die anderen Ihre Wünsche erfüllen, sondern nehmen Sie das Schicksal in Ihre eigenen Hände. Was macht Ihnen Freude? Vielleicht sollten Sie wieder Ihre Gitarre hervornehmen oder mit einem Malkurs beginnen. Neben der Hausarbeit würde vielleicht der Besuch einer Frauengruppe neue Impulse für Ihr geistiges Leben bringen oder ein spannendes Buch Sie in eine andere Welt entführen, auch wenn die Wäsche noch nicht gebügelt ist.

4. Leben Sie im Einklang mit Ihrem Lebenszyklus.
Durch den medizinischen Fortschritt hat sich das Leben der Menschen verlängert. Damit ist der Lebenslauf der Frauen anders geworden. Früher war der Lebensweg kurz und klar vorgezeichnet durch Kindheit, Mutterschaft und Betreuung der Enkel und

betagten Angehörigen. Heute sind diese Aufgaben zeitlich begrenzt. Die Phase der ausschließlichen Kinderbetreuung beschränkt sich auf eine Zeitspanne von 15 bis 20 Jahren. Diese Zeit der intensiven Gemeinschaft mit den Kindern kommt nie mehr zurück. Ist es nicht ein Vorrecht für uns Frauen, daß wir diese Nähe erleben dürfen? Es ist so wichtig, die Vorteile einer Lebensphase zu entdecken, die besonderen Eigenschaften auszukosten und sich nicht ständig mit der Jagd nach den unerreichbaren Schätzen der Zukunft anzutreiben. Nur zu schnell besuchen die Kinder die höheren Schulen und sind fast den ganzen Tag weg. Da bleibt noch viel Zeit für Aufgaben außerhalb der Familie.

In Freiheit Frau sein

Frauen genossen wohl noch nie soviel Freiheit wie heute. Jungen und Mädchen besuchen gemeinsam die Schulen, pauken englische Vokabeln und chemische Formeln, stricken, basteln und kochen. Vorbei sind die Zeiten des obligatorischen Haushaltsjahres und der Vorbereitung auf die Pflichten der Haushaltsführung und Mutterschaft. Männer und Frauen haben für ihre Lebensgestaltung gleiche Chancen – wenigstens auf dem Papier. Und so rücken die Frauen unaufhaltsam in die Arbeitswelt vor. Aus Verwaltungen und Banken, Krankenhäusern und Schulen sind sie nicht mehr wegzudenken. Frau gehört mit zum pulsierenden Strom des wirtschaftlichen Lebens.

Manche Frauen setzen zuerst auf Beruf und Karriere und verschieben ihre Mutter- und Beziehungswünsche Jahr um Jahr. Ein paar wenige schaffen es tatsächlich bis in die Chefetagen, sitzen in Verwaltungsräten oder erkämpfen einflußreiche politische Ämter. Doch welchen Preis müssen sie dafür bezahlen? Frauen in Führungspositionen sind sehr großem Streß ausgesetzt. Oftmals sind sie alleine, in einer männlichen Umwelt und wollen sich durch besonderen Einsatz beweisen. Sie haben keine weiblichen Vorbilder, denen sie nacheifern können, wurden nicht wie ihre männlichen Kollegen für eine Führungsposition erzogen und müssen ihre Unsicherheit durch kühle Überlegenheit überdecken, denn mit dem Ausdruck von Gefühlen würden sie ja unglaubwürdig wirken. Ihre Position macht sie einsam. Während die Männer sich über den Mittag in einem Lunchmeeting ihres Clubs entspannen und austauschen, sind sie davon ausgeschlossen. Sie haben zwar geschafft, was heute den Frauen als so begehrenswert dargestellt wird. Sie besitzen Einfluß und ein gutes Gehalt, sind eigenständig und erfolgreich. Doch sie zahlen einen hohen Preis dafür: Streß, Einsamkeit, Beziehungsarmut. Eine amerikanische Autorin[4] beschreibt diesen Zustand weiblicher Singles witzig und ironisch in ihrem Buch »Eine Frau über 35 läuft eher Gefahr, von einem Tiger gefressen zu werden, als einen Mann zu finden.« Singles stehen vor ganz anderen Herausforderungen als verheiratete oder geschiedene Frauen. Sie sind zwar fest im Beruf verankert, können sich mit allen Kräften darauf konzentrieren, aber sie gehören nirgends richtig dazu. Ihre Kollegen werden sie nie ganz in ihre Zirkel aufnehmen, weniger erfolgreiche Frauen oder Hausfrauen werden ihnen leicht neidisch aus dem Wege gehen.

Jede Frau, die versucht, Familie und Kinder auf einen Nenner zu bringen, zahlt einen Preis. Berufstätige Mütter kennen keine 40-Stunden-Woche, sondern müssen mit 60 bis 70 Stunden Arbeit rechnen, da sie ihre Mutter- und Hausfrauenpflichten trotzdem erledigen müssen. Sie leben im ständigen Clinch mit den Forderungen des Arbeitgebers und der Familie – und können es niemandem recht machen.

Gibt es denn keinen Weg aus diesem Dilemma, fragt sich so manche Frau. Warum können wir nicht wie die Männer frei wählen und den Beruf und den Familien- und Kinderwunsch verwirklichen? Wie kann ich in Freiheit Frau sein? Leider kann ich Ihnen auch nicht die Lösung anbieten. Doch geben Ihnen vielleicht die folgenden Punkte Anregungen zum Finden Ihres Weges:

1. Überdenken Sie Ihre Werte.
Was heißt für Sie echte Lebensqualität? Diese kann für Frauen ganz unterschiedlich aussehen. Die einen lieben ein hektisches Leben, unzählige Termine, einen festen Lohn und die Herausforderung des Berufes. Andere sind zufrieden, wenn sie ihren Haushalt phantasievoll gestalten können, Zeit für die Kinder

und Beziehungen haben und ihre Hobbys pflegen können. Was paßt zu Ihnen? Es ist gar nicht so wichtig, wie Sie sich entscheiden, sondern daß Sie es aus Überzeugung tun. Oft bringt uns der Vergleich mit anderen um den inneren Frieden. »Ich tu ja den ganzen Tag nichts Rechtes. Gegen die Leistungen meiner berufstätigen Nachbarin bin ich ein Nichts«, redet man sich ein. Genau das, was man nicht hat, wird dann besonders wertvoll. Die erfolgreiche Berufsfrau sehnt sich vielleicht nach Ruhe, Stille und Zeit für persönliche Kontakte. Die Hausfrau wünscht sich wohl manches Mal, in den pulsierenden Strom des Berufslebens eintauchen zu können.

Doch was macht denn letztlich den Wert des Lebens aus? Leistung? Erfolg? Geld? Wie schnell ist man geneigt, die gängigen Werte zu übernehmen. Die Bibel führt uns in eine ganz andere Richtung: Glaube, Hoffnung und Liebe werden zuletzt alles andere überdauern. Wenn wir später einmal auf unser Leben zurückschauen, werden wir dies vielleicht besser verstehen. Nicht die geleistete Arbeit wird uns durchs Alter tragen, sondern die Liebe, die wir in unsere vielfältigen Beziehungen einfließen ließen, der Glaube, der in all den Jahren wachsen durfte und die Hoffnung auf eine ewige Zukunft.

2. Planen Sie Ihr Leben.

Oftmals hat man nur vage Vorstellungen, wie das Leben wirklich sein sollte. Spannender. Bedeutender. Erfüllter. Irgendwo dort draußen müßte doch das

wahre Leben versteckt sein. Doch Veränderung kommt meistens nicht von außen, sondern muß innen beginnen. »Aufschwung beginnt im Kopf«. Dieser Slogan sollte Schweizer Unternehmern den Weg aus der Wirtschaftskrise weisen. Veränderung beginnt auch für uns Frauen bei unserer inneren Einstellung. Wir können nicht warten, bis jener Märchenprinz kommt und unser Leben verzaubert. Ebensowenig dürfen wir unser Leben vom Verhalten des Ehemannes abhängig machen. Meistens trägt er an seinen Aufgaben genug. Wir müssen unser Leben in die Hand nehmen und uns selber Freiräume schaffen.

Deshalb sollten wir uns über unsere Möglichkeiten und Wünsche klar werden. Welche Begabungen haben Sie? Was macht Ihnen Spaß? Oft sind wir Frauen leider zu bescheiden und wagen es nicht, uns über unsere Fähigkeiten zu freuen.

Manchmal ist es hilfreich, seine Wünsche konkret aufzuschreiben. Wie soll mein Leben in fünf Jahren aussehen? Ein Beispiel: In fünf Jahren besuchen alle Kinder die höheren Klassen der Schule. Diesen neuen Freiraum möchte ich füllen ... mit einem 50% Job im Büro, ... als Leiterin einer Frauengruppe, ... als Katechetin oder als Nachtwache im Krankenhaus ..., als ehrenamtliche Betreuerin von Betagten ...

Das Engagement für unsere Gesellschaft muß nicht nur aus bezahlter Arbeit bestehen. Wo wären wir ohne die freiwilligen Mitarbeiterinnen in sozialen Werken, in den Kirchen, in der Politik? Wo sind

Menschen, die sich einsetzen für die Sache der Armen, Unterdrückten, Schwachen – auch ohne Bezahlung? Möglichkeiten zur Mitarbeit gibt es genug. Wagen wir es, die Sicherheit unserer kleinen Familien hin und wieder zu verlassen? Sind wir bereit, geduldig anderen Menschen beizustehen, als Frau, als Mensch – auch ohne Bezahlung? Ich weiß, daß diese Gedanken nicht allzu aktuell sind. Aber ist es nicht beschämend, daß in der reichen westlichen Wohlstandswelt immer weniger Menschen bereit sind, anderen zu dienen?

Überlegen Sie sich, was Sie jetzt schon zur Vorbereitung des nächsten Lebensabschnitts tun könnten. Vielleicht liegt eine teilzeitliche Umschulung drin, ein Computerkurs, um auf dem laufenden zu bleiben, oder eine Mitarbeiterinnenschulung in der Kirche.

Man braucht sich als Mutter nicht schuldig zu fühlen, wenn man sich auch außerhalb des Hauses einsetzen möchte. Frauen haben dies immer getan: in früheren Zeiten auf dem Feld, im Weinberg, am Spinnrad und am Webrahmen, später im Handwerksbetrieb, durch Heimarbeit, in der Fabrik. Erst seit gut hundert Jahren wurden die Frauen vom strengen Tagewerk entlastet und durften sich ganz den Kindern und dem häuslichen Leben widmen. Viele technische Hilfsmittel erleichtern heute das Leben und schaffen damit Freiräume für anderes. Diese Nischen dürfen wir entdecken und kreativ auffüllen.

3. Fragen Sie sich zuletzt, welchen Preis Sie für mögliche Veränderungen zahlen möchten.
Neue Möglichkeiten und Freiheiten schließen auch immer den Abschied von Gewohntem und Liebgewonnenem mit ein. Deshalb gilt es abzuwägen: Ist mein Beruf für mich so wichtig, daß ich bereit bin, die schwere Bürde einer Doppelbelastung von Familie und Arbeit zu tragen? Manche Frauen antworten aus Überzeugung mit »ja«. Andere entschließen sich doch lieber für das »ruhigere Leben« zu Hause.

Bin ich bereit, auf die Pflege von Freundschaften zu verzichten? Berufstätige Mütter finden meistens kaum mehr Zeit für Kontakte. Oftmals sind sie durch die täglichen Begegnungen im Geschäft so ausgefüllt, daß sie sich vor allem nach Ruhe sehnen.

Müßte meine Familie sehr leiden? Heute zahlen oftmals die Kinder für die Entfaltungswünsche ihrer Mütter (und Väter). Da gilt es sich zu fragen, ob man die Kinder wirklich durch fremde Menschen erziehen lassen möchte.

Ist die Zeit reif für einen Wiedereinstieg? Das Leben verläuft in Phasen. Ist es nicht auch ein Vorrecht, daß der weibliche Zyklus nicht so geradlinig und dadurch auch langweilig verläuft, wie bei den Männern? Frauen werden im Laufe des Lebens in verschiedene Umstände gestellt. Dies ist vielleicht nicht gerade förderlich für eine steile Karriere, kann aber sehr viel Lebensqualität bedeuten.

Der Weg von Frauen ist heute sehr vielfältig und reichhaltig geworden. Die klare Lebensordnung früherer Zeiten hat sich in unzählige Nuancen eines Frauenlebens aufgelöst. Dies birgt ungeahnte Möglichkeiten, aber auch eine tiefsitzende Verunsicherung in sich. Jede Frauenbiographie hat ihren eigenen Zeitplan, ihre Schwerpunkte und Entfaltungsmöglichkeiten. Niemand wagt mehr zu sagen, wo es langgehen soll. Wenn äußere Mauern fallen, besteht die Gefahr, daß ein ganzes Gebäude einstürzt. Die neuen Chancen für die Frau können auch zur Bedrohung und neue Wege zu Irrwegen werden. Äußere Freiheit bedeutet nicht automatisch inneren Freiraum. Nur allzuschnell entstehen wieder neue Zwänge und Forderungen, denn man nimmt sich immer selbst mit, mit seinen Stärken und Schwächen, wohin man auch geht und was immer man tut. Freiheit hängt nicht nur von äußeren Umständen ab, sondern beginnt in unseren Herzen.

Auf der Suche nach einem Lebenssinn werden wir erleben, daß nicht allein Erfolg und materielle Sicherheit Zufriedenheit und einen tiefen inneren Halt erzeugen. Manchmal sind es auch die unerfüllten Wünsche oder gar Leid, das uns innerlich wachsen und frei werden läßt. Paul Tournier, der bekannte Arzt und Menschenkenner, schrieb einmal: »Das Ziel des Lebens ist nicht die Abwesenheit von Leid, sondern daß diese Leiden Früchte tragen können.« Neben dem modernen Wunschbild nach Selbstverwirklichung und Ausleben seiner Bedürfnisse gibt es noch ein tieferes Lebensziel: die innere Reife. Reife Menschen sind von innen heraus frei. Sie haben ein

Ja gefunden zu sich selbst, ihrem Geschlecht und ihrer Lebenssituation und sind frei, sich dort einzusetzen, wo man sie braucht.

Wenn wir unser Frausein ganz leben wollen, muß es von innen kommen. Freiheit beginnt im eigenen Herzen. Wer zutiefst innerlich weiß, daß er ein wertvolles Geschöpf Gottes ist, bedingungslos geliebt und mit seinen speziellen Gaben gebraucht wird, kann in allen Umständen Frieden empfinden und ein sinnvolles Leben gestalten. Ich bin überzeugt, daß durch Frauen, die aus einem inneren Gehaltensein aktiv sind, unsere Welt menschlicher, persönlicher, lebenswerter werden kann. In unserer hektischen, technisierten, vereinsamenden Gesellschaft brauchen wir Frauen, die bereit sind, im Kleinen und im Großen ihre Kräfte einzusetzen, mehr denn je. An Möglichkeiten fehlt es nicht. Doch machen wir uns auf den Weg?

Anmerkungen:

1 Schenkel S. (1987), Mut zum Erfolg. Ex libris, Zürich.
2 Mitscherlich M. (1985), Minderwertigkeitsgefühle – typisch weiblich. Tagesanzeiger Magazin 8, S. 14–15.
3 Beauvoir S. (1968), Das andere Geschlecht. Rowohlt, Hamburg.
4 Gray S. (1991), Eine Frau über 35 läuft eher Gefahr, von einem Tiger gefressen zu werden, als einen Mann zu finden. Knaur, München.